Ernst Wiechmann

Über die Aussprache des provenzalischen E

Ernst Wiechmann

Über die Aussprache des provenzalischen E

ISBN/EAN: 9783744737784

Hergestellt in Europa, USA, Kanada, Australien, Japan

Cover: Foto ©Paul-Georg Meister /pixelio.de

Weitere Bücher finden Sie auf **www.hansebooks.com**

Ueber die

Aussprache des provenzalischen E.

Inaugural-Dissertation

verfasst

und mit Genehmigung der Philosophischen Facultät
der Vereinigten Friedrichs-Universität

Halle-Wittenberg

sammt den Thesen öffentlich zu verteidigen

am

26. März 1881 Mittags 12 Uhr

von

Ernst Wiechmann

aus Rostock

gegen

H. Bokemüller, stud. phil.
O. Rühlemann, cand. prob.

Halle.

Druck von E. Karras.

1881.

Einleitung.

Die Aussprache des Provenzalischen ist bis jetzt nur in sehr beschränktem Masse Gegenstand der Untersuchung gewesen. Speciell in Bezug auf die Vokale ist wenig mehr als die Schrift Paul Meyer's über das provenzalische O [Mémoires de la Société de Linguistique I, 145], sowie desselben Abhandlung über die ein betontes e enthaltenden Endungen des Subjunctivs Perfecti [L'Imparfait du Subjonctif en Es, Romania VIII, 155] zu erwähnen. Die Aussprache des E, mit welcher sich unsere Arbeit beschäftigt, ist bisher nicht zusammenhängend dargestellt worden.

Die beiden Gattungen unseres Vokals, das offene und geschlossene e, werden im Donat proensal mit larg und estreit, in den Leys d'amors mit plenisonan und semisonan bezeichnet. Es ist nicht ausgemacht, ob die Verfasser der Leys den Donat gekannt haben, Diez ist geneigt diese Frage zu bejahen [Gr. I⁴, 491], Galvani verneint sie [Stengel, Die beiden ältesten provenzalischen Grammatiken S. 131]. Die Ausdrücke larg, plenisonan und estreit, semisonan sind gleichbedeutend den italienischen largo oder aperto und stretto oder chiuso. Von Raynouard [Choix II, CLIII] und Diez [Gr. I⁴, 490] wurden diese Bezeichnungen der provenzalischen Grammatiker auf die Quantität bezogen und gleich lang und kurz gesetzt. Diez nahm an, dass, wie bei den Italienern und Spaniern, so bei den Provenzalen für den Reim die Quantitätsverhältnisse massgebend waren; „das offene und geschlossene e", meinte er dagegen, „lassen sich in der alten Sprache nicht nachweisen, da der Reim keinen

1

Unterschied macht" [Gr. I⁴, 389]. Milà y Fontanals gab
zuerst das larg und estreit des Donat mit offen und ge-
schlossen wieder [De los trovadores en España S. 461], und
seine Ansicht führten dann weiter aus Paul Meyer in der
erwähnten Abhandlung über das provenzalische O und
Chabaneau in seiner Grammaire limousine. Nachdem Böh-
mer diesen Gegenstand einer eingehenden Betrachtung unter-
worfen hat, kann über die Bedeutung jener Bezeichnungen
länger kein Zweifel walten, und genügt es hier, auf die
Ausführungen Böhmer's zu verweisen [Roman. Stud. IV,
S. 338; vgl. IV, S. 487: Plenisonant, semisonant in den Aus-
zügen Mayans y Siscar's aus Enrique de Villena's Werk
über die Dichtkunst].

Nach den Angaben der beiden provenzalischen Gramma-
tiken, des Donat, insbesondere seines Reimwörterbuches, und
der Leys [die grammatische Abhandlung Raimon Vidal's
Las rasos de trobar enthält nur wenige Einzelheiten, die
unser Thema betreffen] kommt für unsere Untersuchung zu-
nächst der Reimgebrauch der Dichter in Betracht. Derselbe
stimmt mit jenen im Allgemeinen durchaus überein. Die
Scheidung zwischen den beiden Kategorieen des offenen
und geschlossenen e durch den Reim wird in der Litteratur-
sprache, auch der späteren Zeit, sowohl bei den Trobadors
als in den Werken epischer und didactischer Art, streng
beobachtet. Geschieht dies nicht, so haben wir darin ent-
weder mundartliche Eigentümlichkeit zu sehen oder in ein-
zelnen Fällen dichterische Licenz, besonders bei Verfassern
von sehr umfassenden Werken, wie z. B. dem Breviari d'amor,
welche mehr dem herrschenden Gebrauch gemäss, als um
ihre Formen- und Reimkunst zu zeigen, in Versen schrieben
und welche deshalb in letzterer Beziehung nicht durchaus
mit unnachsichtiger Strenge gemessen wurden [vgl. Azaïs,
Breviari Einleitung CIX, CXV]; oft sind die Ausnahmen
nur scheinbar und von einer genaueren Textkritik zu be-
seitigen. Auch giebt es Wörter, die einen doppelten Ge-
brauch im Reime zulassen, wie man denn z. B. auch im
Italienischen in manchen Fällen über die Qualität des e
nicht einverstanden ist. Abgesehen von zuweilen vorkom-

mender Vermischung in einigen seltenen Endungen [vgl.
S. 27, 28], kann man behaupten, dass die Provenzalen im
Allgemeinen mit beständiger Genauigkeit der Vokalqualität
gemäss reimten.

Ferner sind für die Bestimmung der Aussprache des
Provenzalischen die neuen Mundarten von Wichtigkeit. Die-
jenigen, welche für uns am meisten Bedeutung haben, sind
die nördlich gelegenen, die des Limousin, des Rouergue u. s. w.,
mit welchen die alte Litteratursprache weit näher verwandt
war, als mit den südlichen des Languedoc, der Provence u. s. w.
Limousin war die Wiege der provenzalischen Litteratur, die
Heimat der ersten Trobadors. Die Grammatiker geben den
nördlichen Mundarten, besonders der limousinischen, den
Vorrang vor allen übrigen [vgl. Rasos, hgb. von Stengel,
S. 70 und 86: Totz hom, prims que ben vuelha trobar ni en-
tendre, deu ben aver esgardada et reconoguda la parladura
de lemosin et de las terras entorn; Leys d'amors II, 212 und
402]. Die Trobadors, aus welchem Teile des Gebietes der
Langue d'oc sie auch stammen mochten, bedienten sich der
auf diesen Mundarten beruhenden Schriftsprache und ver-
mieden die oft sehr beträchtlichen Abweichungen der Aus-
sprache und Formenbildung ihrer Heimat, wenngleich die
provenzalische Litteratursprache bis zu einem gewissen
Grade die Aufnahme dialectischer Besonderheiten gestattete
[Diez Gr. I⁴, 106]; bevor sich deshalb jemand mit der art
de trobar befasste, musste er mit der Schriftsprache ver-
traut sein [Rasos S. 71]; erst in späterer Zeit lassen einzelne
Dichter ihren mundartlichen Eigentümlichkeiten grösseren
Raum. Das Verhältniss der Litteratursprache zu den Dialec-
ten und dieser unter einander ist jedoch noch nicht genau
festgestellt. Sämmtliche provenzalische Dialecte scheinen
die Trennung von offenem und geschlossenem e beobachtet
zu haben, nur die Catalanen befolgten sie nicht. Die heu-
tigen Mundarten des Limousin, Rouergue u. s. w. haben sich
nun aus den mittelalterlichen organisch fortentwickelt. Wenn
sie auch teilweise einstige Unterschiede verwischt und aus-
geglichen oder die Einwirkung benachbarter Idiome erlitten
haben, so haben sie doch vielfach die klassische Aussprache

getreu erhalten oder lassen frühere Verschiedenheiten in
analog verschiedenen Veränderungen hervortreten, wie wenn
z. B. provenzalisches auslautendes é¹s e, é²s ei im Limousi-
nischen ergeben hat, pressum pre, missum mei. Die Werke
über neuprovenzalische Dialecte, welche zu dieser Arbeit
hauptsächlich benutzt wurden, sind Chabaneau's Grammaire
limousine, Paris 1876, die Abhandlung von Aymeric Le dia-
lecte rouergat im 3. Band der Zeitschrift für Romanische
Philologie, der Essai sur l'histoire du sous-dialecte du Rouer-
gue von L. Constans, Études sur les idiomes pyrénéens de
la région française par A. Luchaire und Grammaire béar-
naise par V. Lespy, Paris 1880, sowie die bisher erschiene-
nen Lieferungen von Mistral's Tresor dou Felibrige. Die
Revue des langues romanes stand dem Verfasser nicht zu
Gebote.

Auch die übrigen romanischen Sprachen, besonders das
Italienische und Altfranzösische, können für unsere Unter-
suchung vielfach zur Vergleichung und Bestätigung heran-
gezogen werden.

Der Verfasser war bestrebt, das hergehörige Material
möglichst vollständig zusammenzustellen. Wenn das nur in
beschränktem Masse erreicht werden konnte, so war daran
vor allem die noch geringe Anzahl kritischer Ausgaben pro-
venzalischer Texte schuld.

Folgende Texte, welche Herr Professor Suchier heraus-
zugeben beabsichtigt, sind mir, wie manche andere, von
demselben gütigst zur Durchsicht überlassen worden, wofür
ich an dieser Stelle meinen Dank auszusprechen gerne mich
veranlasst sehe:

das Evangelium Nicodemi;
die sieben Freuden Maria's;
das Leben des hl. Alexius;
Uebersetzung des altfranz. Gedichts von den 15 Zeichen
    des jüngsten Gerichtes; Diätetik; des Sünders Reue;
    Doctrinal
[aus den Handschriften: Bibl. nat., franç. 1745 und franç.
25415, Br. Mus., Harl. 7403];

ferner: Drei Tractate, I Hugo v. S. Victor, De quinque
septenis u. s. w.

Die Diphthonge und die Verbalformen sind im Folgen-
den nicht unter den Abschnitten Offenes E, Geschlossenes E
behandelt, sondern abgetrennt zusammengefasst worden.

Abkürzungen.

Anc. poés. rel.: Paul Meyer, Anciennes poésies religieuses
en langue d'oc. Bibliothèque de l'École des chartes
1860.
Auz. cassad.: Les Auzels cassadors, poème provençal de
Daude de Pradas, p. p. Sachs. Ire partie. Brandenburg
1865.
B. de Born: Bertran de Born hgb. von Stimming. Halle
1879.
Bekker, Prov. geistl. Lieder: Provenzalische geistliche Lieder
des 13. Jahrhunderts mitgetheilt von J. Bekker, Ab-
handlungen der Akademie d. Wiss. zu Berlin 1842.
Brev.: Lo Breviari d'amor de Matfre Ermengaud p. p. la
Société archéologique etc. de Béziers.
C. alb.: La chanson de la croisade contre les Albigeois p. p.
P. Meyer. Paris 1875—79.
Canello: Il Vocalismo tonico italiano von Canello, Zeitschr.
für roman. Phil. I, 510—22.
Chr.: Chrestomathie provençale par K. Bartsch. 4ème édition.
Denkm.: Denkmäler der provenzalischen Litteratur hgb. von
Bartsch.
Dern. Tr.: P. Meyer, Les derniers troubadours de la Pro-
vence.
Don.: Die beiden ältesten provenzalischen Grammatiken Lo
donatz proensals und Las rasos de trobar hgb. von
Stengel. Marburg 1878.

Dz. Et. W.: Etymologisches Wörterbuch der romanischen Sprachen von Diez. 4. Ausgabe.

Dz. Gr.: Grammatik der romanischen Sprachen von Diez. 4. Auflage.

Flam.: Le roman de Flamenca p. p. P. Meyer. Paris 1865.

G. de Ross.: Girartz de Rossilbo hgb. von Hofmann [P. = Pariser Handschrift], von Mahn, Gedichte der Troubadours [O. = Oxforder Handschrift].

G. Figueira: Guilhem Figueira hgb. von Levy. Berlin 1880.

Gloss. occ.: Essai d'un glossaire occitanien. Toulouse 1819.

G. Riq.: Guiraut Riquier hgb. von Pfaff. Mahn, Werke der Troubadours IV.

Honor.: La vida de sant Honorat par Raimon Feraut p. p. A. L. Sardou. 1858.

Jaufre: Roman de Jaufre L. R. I, 48—173. Jaufre Hfm. = Ergänzungen des Jaufre von Hofmann, Sitzungsberichte der bayer. Akademie d. Wiss. 1868.

Joyas: Las Joyas del gay saber.

Lb.: Provenzalisches Lesebuch hgb. von Bartsch.

L. d'am.: Las Leys d'amors.

L. R.: Lexique Roman par Raynouard.

MG.: Gedichte der Troubadours hgb. von Mahn.

MW.: Die Werke der Troubadours hgb. von Mahn.

M. v. Mont.: Der Mönch von Montaudon von E. Philippson. Halle 1873.

Ponz de Capduoill: Leben und Werke des Trobadors Ponz de Capduoill von Max v. Napolski. Halle 1880.

P. Vid.: Peire Vidal's Lieder hgb. von Bartsch.

Rec.: Recueil d'anciens textes p. p. P. Meyer. Ire partie. BasLatin-Provençal. Paris 1874.

S. Agnes: Le martyre de sainte Agnès p. p. A. L. Sardou.

Stickney: The romance of Daude de Pradas on the four cardinal virtues ed. by A. Stickney. Florenz 1879.

Tr. de Béz.: Les troubadours de Béziers par G. Azaïs. Béziers 1869.

C = Consonant.

V = Vokal.

Der Accent bezeichnct nur die Betonung. Die Klangfarbe der Vokale ist durch Ziffern dargestellt, von unten angefangen: o^1 [tiefes o], o^2 [hohes o], e^1 [tiefes e], e^2 [höheres e], e^3 [höchstes e, altfranz., e aus lat. a].

Der Stern (*) bezeichnct angesetzte Formen, die nur zur Erläuterung dienen.

I. Offenes E.*

E¹ [larg, plenisonan] entspricht in der Regel lateinischem
ĕ in offener und geschlossener Silbe. Neben e¹ = ĕ in off.
Silbe kommt, jedoch seltener als der einfache Vokal, der
Diphthong ie¹ vor.

Wir schliessen uns der Einteilung nach Endungen,
welche sich im Rimarium des Donat findet, an.

1. Das Rimarium enthält folgende mit larg bezeichnete
Reimlisten: ecs, ehtz, eis, elhz, elha, els, elz, ela, ems, ers,
ertz, es.

Zu eis vgl. III. Diphthonge, zu ems den Abschnitt Pro-
venzalisches e vor m in II.

e¹cs. Vgl. e¹ga.

Rimarium: (e¹ = lat. ĕ in off. Silbe) cecs, caecus; grecs,
graecus; pecs, pĕcus [bearn. pe¹c Lespy, Vocabulaire]; secs,
*sĕquis und Compp. consecs, persecs, wohl auch encecs .i.
exsequeris [„c'est exceceris qu'il faut lire : il y a p. 65, 46
encega excecat" Tobler. Wenn man nicht ensecs .i. exse-
queris lesen will, muss man mit Rücksicht auf excecat en-
cecs .i. exceces lesen; vielleicht mochte letzteres ursprüng-
lich stehen und der Schreiber durch die drei folgenden
Wörter secs, per-, consecs verleitet werden, die Uebersetzung
zu ändern];

(e¹ = lat. ĕ in geschl. Silbe) becs, *beccus;

ferner bavecs .i. baveca quod de facili movetur [L. R. II,

---

* Wo das Gegenteil nicht ausdrücklich erwähnt wird, ist überall
betontes e gemeint. Da lateinisches ae, oe in der Regel wie ĕ be-
handelt wurde, ist es gewöhnlich ohne weitere Bemerkung mit diesem
zusammengestellt worden; ebenso wurde goth. und ahd. Ī, goth. ai
und ahd. ĕ unter lat. Ī oder ē eingereiht.

203: bavec, Adj., bavard; Sbst., bavardage. Gloss. occ.: bavec épilepsie. Grand bavard. Bavec roma, peson, romaine. Dz. Gr. II, 307: prov. bavec = frz. bavard, Suffix ec]; necs .i. impeditus lingue [Etymologie? Vgl. Dz. Et. W. 646, M. v. Mont. S. 79]; tavecs .i. insultus. Für tavecs möchte Tobler mit Beziehung auf afrz. tariier tarecs lesen. Das afrz. tarier ist nach Förster, Romanische Etymologien, Zeitschrift für romanische Philologie III, 263, dreisilbig, denn es reimt auf mari-er, und nicht vom ndd. targen [Dz. Et. W. 685] abzuleiten. Wollte man also das tavecs des Donat auf afrz. tarier beziehen, so müsste man lesen: tari-ecs, von *tari-ar, vgl. mari-atge. Auch das Gloss. occ. hat tavecs, insulte. Vielleicht ist statt tavecs talecs zu lesen, welches der Bedeutung nach entspräche. Talare = vastare, rem invadere, per vim auferre, tala = vastatio Du Cange. Talar .i. vastare Don. S. 34, tala .i. devastacio vel detrimentum S. 62. (Entalhar, blesser L. R. III, 5).

Das Rimarium führt unter ecs larg noch decs .i. terminus an, welchem unter ecs estreit decs .i. vitium entspricht. Die Scheidung zwischen de¹cs, Gebot, Grenze, und de²cs, Fehler, Mangel, wird durch die Reime der Dichter bestätigt. Diez leitet beide Wörter von edictum ab [Et. W. 560]. Diese Ableitung ist jedoch wenigstens für de¹cs in Zweifel zu ziehen. Die L. d'am. geben I, 50 ein dex plenisonan an.

Die Interjection bec, welche eine Drohung ausdrückt, ist nach den L. d'am. II, 430 plenisonan.

Die Endung der 3. Ps. Perf. ec [statt e¹t] hat offenes e.

pec : sec [*sěquit] : nec : bec : pe¹c* [Verbalsubstantiv von peccar] M. v. Mont. XI⁴.

pre¹c [prěcor] : sec Honor. S. 6.

prex [Verbalsbst.) : Grex das. S. 10.

pecs : bavecs, Schwätzer, Auz. cassad. Chr. 182, 39—40.

secse¹c Adv. [consécutivement L. R. II, 179]: bec das. v. 2557—8.

---

* In den folgenden Beispielen neu hinzukommende, im Vorhergehenden nicht berührte Wörter sind mit der Bezeichnung ihrer Aussprache und ihrer Etymologie ausgestattet.

precs : becs : no m'entre¹cs 2. Ps. Prs. Sbj. : Grecs : pecs : secs [caecos] : decs [passatz los decs de dieu, die Gebote Gottes] G. Figueira 2.

Was hier entre¹cs betrifft, so nimmt Tobler an [Levy S. 83], dass es für entrescs wie tritz für triatz steht, 2. Ps. Prs. Sbj. von entrescar in den Tanz hineinziehen = it. intrescare. Das ist jedoch nicht möglich, weil entre(s)cs geschlossen lauten müsste, s. II e²sca. Die Uebersetzung: „mögest du mich nicht betrügen, täuschen" erscheint als dem Inhalt der Strophe angemessen, welche den römischen Trug und die römische Falschheit hervorhebt: Roma trichairitz; falsa e trafana. Entrecs hängt mit it. treccare zusammen und ist vom ndd. trekken [Dz. Et. W. 326] abzuzuleiten, woher sich die offene Aussprache des e erklärt.

precx : becx : sene¹cx : bavecx [„Fallsucht" Levy] : pecx : secx : decx [Gebote, s. den entsprechenden Vers von G. Figueira; lur carn e lur ossa carguon d'avols decx, mit schlechten Geboten d. h. Lastern] Gormonda, Greu m'es, G. Figueira V.

precx : pecx : decx [Grenzen, intrey al castelh dins los decx] : becx : grecx : guale¹cx [Gallaecos, Gallaicos, sp. Gallego Dz. Gr. II, 308] Arn. Daniel MG. 435.

decs : senecs : precs : pecs : becs : secs [caecus; MG. 421 fe¹cx von lat. faex, faecis, bearn. he¹tz Lespy, Vocabul., vgl. L. R. III, 297] Arn. Daniel, Pos Raimons en Turcs Malecs MG. 420, 421.

precs : ufe¹cs [Suffix ec, sp. ufo Dz. Gr. II, 307] : mane¹cs [Vb. maner, Dz. Gr. das.] Arn. Daniel MG. 426.

dec : bec Guill. de Saint Gregori MG. 437.

precx : dene¹cx 2. Ps. Prs. Sbj. von denegar, lat. denēgare, Folquet de Marseilla Choix 4, 398.

becx : secx von caecus : abnecx 2. Ps. Prs. Sbj. Peire Raimon de Toloza MG. 790.

Ere¹c : conquiste¹c 3. Ps. Pf. Denkm. 90, 14—5.

bavec [„caquetage" L. R. II, 203] : amec : entalec 3. Ps. Pf. : pec : grec : senec; baveca Adj., bavarde : talc¹ca [Dz. Et. W. 490, Gr. II, 307] : cave¹ca [Dz. Gr. II, 307, bearn. cabe¹que Lespy, Vocabul.] : gregua = graeca : seneca Gavauda MG. 1069.

prex : dex [Grenzen, Schranken, intrar dins los francx dex Del gaug] Joyas S. 200.

Auf e¹cs lauten ferner aus: secs = sĕcas [segar, sĕcare], vgl. bearn. arresse¹gue, scie Lespy 12, von resĕcare; grex, grey von lat. grĕgem, bearn. gre¹y Lespy, Vocabul.; artifex, artifeys.

Secs, gebunden mit becs : necs : precs : docs [Gebot, Richtschnur], Arn. Daniel, L'aur' amara, ist nicht, wie Bartsch in der Chrestomathie übersetzt, = dürr, trocken, siccus, welches geschlossenes e hat und mit jenen Wörtern nicht reimen kann, sondern = *sĕquis.

Dass decs, Fehler, Mangel, e² hatte, beweisen z. B. folgende Reime:

dec, Fehler : se²c, siccum Raimb. d'Aurenga Chr. 67.

dec, Fehler, Tadel : so²c, sēdit Denkm. 230, 26—7.

se²cx von siccus : endex [„défauts" L. R. III, 20] Auz. cassad. 2138—9.

endec [„défaut" L. R. III, 20]: le²c Adj. Peire d'Alvergne MG. 223.

Vgl. decha 3. Ps. Prs. : estre²cha, stricta G. Riq. S. 96, 26. 28. decha Sbst., Schaden : esple²icha 3. Ps. Prs. Tenzone von Bertran und Gausbert, Archiv der neueren Sprachen 35, 102.

Die Endung e¹c lautet ebenso im heutigen Limousinisch, sowie im Rouergat [be¹c, gre¹c Constans 25].

e¹htz.

Rimarium: (e¹ = lat. ĕ in off. Silbe) mehtz, mĕdius [limous. miei Chabaneau 164, rouerg. mie¹ch Aymeric 329]; pehtz, *pĕjus [limous. und rouerg. piei Chabaneau 26, Aymeric 328, ital. pe¹ggio Canello 520]; (lat. -ĕct V) delehtz, Verbalsbst. von delectar [ital. dile¹tto Canello 518]; despehtz und respehtz [lat. -spĕctus, limous. deipie Chabaneau 25, rouerg. despie¹ch Aymeric 329, bearn. respieyt Lespy, Vocabul.]; lehtz und cadalehtz [lat. lĕctus, i, limous. lic, rouerg. lie¹ch, ital. le¹tto Canello 518]; pehtz, pĕctus [limous. piei Chabaneau 153]; vehtz, vĕctis.

peitz, *pĕjus : peitz, pĕctus Auz. cassad. 427—8. 2623—4.
despieh : lieg Flam. 1025—6.
deleit : despeis : peit Anc. poés. rel. 490, 167—9 [Chr.
22, 2—4].

Bartsch übersetzt deleit hier [des mals e des deleit qu'ai
fait] mit délit, faute, Vergehen, Schuld. Delehtz geht zu-
weilen in die Bedeutung von verwerflicher Lust, Begierde,
Sünde, Vergehen über, ist aber dann nicht von lat. delictum
[mit langem i] abzuleiten und von delehtz, delectatio, nicht
zu trennen. Für delictum führt Du Cange auch die Form
delectum an. Im Brev. wird freilich dreg[2] : deleg 24605—6
gebunden, aber man wird an Stelle von deleg mit den an-
deren Handschriften naleg lesen müssen.
delieg : mieg Stickney 839—40.
perfe[1]cha [perfĕcta; ital. perfe[1]tto Canello 519] : deleiga,
delĕctat Flam. 3962—3.
perfieyta : delieyta Joyas 81.
lieg : delieg Flam. 3328—9. Diätetik 55—6. Evangel.
Nicod. 631—2. 2565—6. Leben des hl. Alexius 1006—7.
leit : deleit Jaufre 105[a].
delieg : respieg Brev. 17066—7. 18754—5.
delieh : profie[1]g, profĕctum das. 15406—7.
profeig : lieg Diätetik 207—8.
profiech : perfiech Brev. 19990—1. respiech : profiech
19618—9.
profiech : rie[1]ch [rĕgit, ital. re[1]gge Canello 517] Denkm. 41,
23. 26.
polie[1]g [= lat. *pulĕgium statt pulēgium] : profieg Diätetik
345—6.
profieg : dezie[1]g Brev. 18210—1. diziech 16829 Hs. C
[desir d, delieg B].

Dieser Endung gehören ausserdem an: effeit, lat. effec-
tum; prefeit, praefectum, ital. prefe[1]tto; sospeita, sospiecha
Sbst. = *suspecta. Vgl. S. 39.

Zu dezie[1]g vgl. L. R. III, 40: desieg, desig, désir; Gloss.
occ.: deseig, désir. Dieses provenzalische dezie[1]g ist offenbar
identisch mit catal. desitj, desig, sp. deseo, port. desejo, [Vb.

catal. desitjar, sp. desear, port. desejar], welche Wörter Diez zugleich mit ital. disio [Vb. disiare] von lat. dissidium [d. h. discidium, von discindere] ableitet [Et. W. 120]. Provenzalisches dezieg mit offenem e kann jedoch nicht von discidium stammen; dem Begriffe nach mit discidium gleichbedeutend und den Lautgesetzen entsprechender wäre ein vorauszusetzendes dis-sēdium, Vb. *dis-sēdiare, mit dis-sēdere zusammenhängend, welchem auch das catal. desig nicht widerspräche: prov. deze¹ig verhält sich zu catal. desig, wie prov. dele¹it zu catal. delit. Das ital. disio, desio stimmt freilich zu einem solchen Etymon nicht, aber es ist wahrscheinlich von den obigen Wörtern zu trennen und von desīderium herzuleiten, vgl. D'Ovidio, L'unica forma flessionale del nome italiano S. 331; Mussafia, Romania I, 499. [Provenzalische Formen mit ausgefallenem r werden im Gloss. occ. angeführt: deziansa statt deziransa, deziat statt dezirat. Neben prov. desir(i)er existirt ferner desi-er, desi-eir : desiers Drei Tractate [s. Einl. S. 5] I S. 25, II S. 33, desieir das. I S. 29, 30, 31, II S. 34].

Wie das Substantiv letto, lat. lēctus, so hat auch das Particip letto im Italienischen offenes e [lètto, lectum da lēgere, sebbene alcuni Iscrizioni rechino ad-lēctus Canello 518; nach Diez Gr. I, 335 lauten diese beiden Wörter dagegen létto, lectus von legere, und létto, lectus Sbst.]. Im Provenzalischen ist das e des starken Particips von e-legir eleg geschlossen, lat. e-lēctum, vgl. afrz. coilleit, collēctum, Förster, Zeitschrift für romanische Philologie III, 105. De²g, dēbeo : eleg Folquet de Lunel 4, 3 [hgb. von Eichelkraut]; le²g, lēgem : eleg G. Riq. S. 22, 30—1; dre²g : eleg Denkm. 16, 1 [razos o eleg, l. a eleg, eleg = elēgit mit offenem e, vgl. ital. le¹gge Canello 517, liegon, lēgunt, L. R. IV, 43]; dre²tz : eletz : ne²tz, nītidus Raimon de Tors MG. 323.

Confectum, profectum lauten im Rouergat cufit, prufit. Aymeric meint [S. 328], dass ihr i einem lateinischen ē entspreche. Die obigen provenzalischen Formen auf iech [confiech wird L. R. III, 277 angeführt, it. confe¹tto] weisen diese Annahme zurück. Cufit und prufit sind aus dem Französischen entlehnte Wörter, cufit könnte auch Pcp. Pt. des

Verbums confir, cofir = lat. conficere sein, *confītum. Lat.
-ēctum wird im Rouergat -ie^{1}ch, -ēctum e^{2}ch.

e^{1}lhz, e^{1}lha.

Jel[h]z larg im Rimarium ist mit Stengel in elhz larg
zu ändern. Der Donat hat ie nur in iers == arius, ĕrius.
Neben ielhz larg ist ausserdem elha, nicht ielha, larg ge-
schrieben. Als Beispiele werden angeführt:
(e^1 = lat. ĕ in off. Silbe) melhz, *mĕlius [limous. miei
Chabaneau 26]; velhz, Fem. velha, von vĕtulus, *vĕclus,
*vĕcla [limous. viei Chabaneau 25, rouerg. bie^{1}l, bielho Con-.
stans 14, ital. ve^{1}cchio Canello 517]; Eigenname Amelha,
*Amĕlia, Amélie.
sue^{1}lh, von lat. sŏlea : Girautz de Borne^{1}lh Chr. 226, 30—1.

e^{1}ls, e^{1}lz, e^{1}ln.

Die Unterscheidung von el-z, lat. ell V + s, und e^{1}l-s,
lat. el V + s, welche ursprünglich auf der verschiedenen
Länge des l, sowie der entsprechenden grösseren oder ge-
ringeren Schärfe des flexivischen s beruhte, ist in der Aus-
sprache frühzeitig wenig mehr hervorgetreten und hat nur
noch die Schreibung beeinflusst. Beide werden im Reim
häufig confundirt. Im Limousinischen haben els und elz
dasselbe Resultat ergeben: eu oder e. Genauer unterschieden
wurden beide Endungen in denjenigen Mundarten, in welchen
lat. ell V + s zu elh^{1}z ward.
Rimarium: (els, e^1 = lat. ĕ in off. Silbe) cels, caelum
[rouerg. ciel Constans 14]; fels von *fĕlem [bearn. he^{1}u
Lespy 39]; gels, gĕlu [rouerg. giel Aymeric 328]; mels von
*mĕlem [rouerg. me^{1}l Constans 25, bearn. me^{1}u Lespy 39].
(elz, e^1 = lat. ĕ in geschl. Silbe) apelz 2. Ps. Prs. Sbj.;
belz [lang. be^{1}l, limous. be^{1}r, gascogn. be^{1}t, Velay be^{1}e, be^1
Tresor d. Felibrige]; flagelz 2. Ps. Prs. Sbj.; isnelz, ahd. snel;
pelz, pellis [rouerg. pe^{1}l Constans 12, bearn. pe^{1}t Lespy 5];
Deminutiva: anelz .i. anulus vel agnus [rouerg. anellus
one^{1}l, agnellus onie^{1}l Aymeric 329, gascogn. anhe^{1}t Luchaire
218], cabrelz = *caprellus statt capreolus, escavelz .i. ala-
brum von scapus, *scapellus, frz. écheveau Dz. Et. W. 566,

mantelz, mantellum u. s. w., auch escamelz, im Rimarium fälschlich unter els larg, gehört hierher, [rouerg. Deminutivendung e¹l : scabellum escobe¹l, cultellum cute¹l, botellum bude¹l, flagellum floge¹l, vitellum bede¹l Aymeric 329; bearn. e¹t : bete¹t, caste¹t Lespy 5, mante¹t, auze¹t, Fem. auze¹re Vocabul., feme¹le, femme das.; ital. e¹llo : colte¹llo, flage¹llo, vite¹llo Canello 518]; Eigennamen: Ospinelz, Otonelz [*Othonellus], Rudelz, Sordelz, Verçelz [Vercellae, Vercelli in Oberitalien].

(ela, e¹ = lat. ĕ in geschl. Silbe) apela, appellat; bela; revela . i. revella A revelat B vel rebellat [= rebella oder rebellat, Imper. oder 3. Ps. Prs. von rebĕllare; geschlossenes e· hat revela, Imper. oder 3. Ps. Prs. von lat. revēlare]; sela, sĕlla = sēdla [bearn. se¹re Lespy, Vocabul.], und Ableitungen; Deminutivformen: noela, novella, cembela 3. Ps. Prs. [rouerg. cimbe¹lo Constans 26], *cymbellat von cymbalum, Demin. *cymbellum u. s. w. In folgenden drei Wörtern hat ella ursprüngliches illa verdrängt: aissela, *axella [im Rouergue oise¹lo Aymeric 329], maissela, *maxella [bearn. maxe¹re Lespy, Vocabul.], mamella, *mammella.

Ueber fiçels und die Eigennamen Abels, Iezabels u. s. w. vgl. Lehnwörter S. 34, 35.

Die L. d'am. führen I, 16 bels plenisonan an.

bel : sage¹l [sage¹l ist von *sigellum statt sigillum abzuleiten; bearn. sage²t, saye²t, sayge²t Lespy, Vocabul., ital. sigillo] : gel : mantel Lb. 47.

bella : sagella : sembella G. Riq. S. 40.

(saint) Marce¹l : mantel : castel : reve¹l [Dz. Et. W. 669 revel, Lustigkeit, Jubel = revel, Auflehnung, von revellar] : caire¹l, *quadrellum M. v. Mont. XIX⁶.

revelh, Auflehnung : mantelh Guill. de Saint Leidier Choix III, 300.

reveus, „joie" : beus : isneus [bearn. rame¹u, rameau, yume¹us, jumeaux Lespy 39 und Vocabul.] u. s. w. C. alb. Tir. 165, 4565.

castel : revel, Widerstand : coutel : pel P. Vid. 29, 26—7, 62—3.

meze¹l, misellum : pel Jaufre 74ª.

pel : sagel Chr. 365, 30. 32.

pel : bel Flam. 3279; jovense[l]ll : bell das. 6431—2.

bels : pels Brev. 11395; las pels : apels Sbst. das. 17491.

pel : anhel Auz. cassad. 2148—9.

Pels = pīlus hat geschlossenes e. Die Conjektur von Bartsch zu Flamenca 4585 : de malesa coma sos pelz (Hdschr. sas plez), im Reim auf taure[l]z, ist deshalb unrichtig.

vaisse[l]lh, vascellum : sembelh B. de Born 7, 29—30.

castel : cembel das. 28, 2—3.

cascave[l]ls [Dz. Et. W. 437] : sembelz Flam. 773—4.

sembelz : aucelz das. 1707—8.

cerve[l]l : capel [wohl capde[l]l zu lesen, Tobler] : Ciste[l]l, Cîteaux : maze[l]l, macellum : sembel : morse[l]l : anhel G. Figueira 2.

mere[l]l von mĕrus, *merellus : Marte[l]l : Mon Revel : irnel G. de Ross. P. 4518.

cela = sellat : bela : merela : mamela das. 2114 u. s. w.

jovencel : cride[l]t 3. Ps. Pf. Leben des hl. Alexius 804—5.

Caste[l]lha : capdella, *capitellat : sagella : apella : revella, rebellat G. de Bergueda MG. 165.

gelha 3. Ps. Prs. von gelar : novella : cela [amors mi cuebr' em cela, „so sehr deckt mich Liebe und hüllt mich ein" Diez, Leb. u. W. d. Tr. S. 359; cela = sellat, bildlich, nicht = ce²la, cēlat] : capdelha Arn. Daniel MG. 428.

cembela : aissela : maissela : mamela : Castela : jovensela : apela : Composte[l]la P. Vid. 14.

Castella : cella = sella Flam. 7890—1.

bela : Castela Romania I, 415 [Meyer, Mélanges de Littérature Provençale].

cape[l]la, lat. capella : aisela Jaufre 110[b], pulce[l]lla : aisella 114[a].

maissela : gone[l]la, Demin. von gona, Brev. 19976—7.

mamela : maicela das. 12583—4.

escude[l]la, scutella : maicela Richart de Tarascon MG. 531.

novella : Castella : mayssella : mamella D. de Pradas MG. 351.

bèlo : noubèlo Goudelin [Lespy 13].

Pulcella, piucela, welches sich im Rimarium unter cla larg befindet, hat offenes e, = *pullicella [rouerg. piouze[l]lo

Constans 31], desgleichen das Adj. pulcel, piucel, frz. puceau.
Dagegen lautet das e von donzela [in ela estreit Rimarium]
geschlossen, *dominicilla, ebenso das von donzels, *domini-
cillus. Domaisella, domaisels haben offenes e.

pulcella :
- isnela P. Vid. 14, 48.
- novella Jaufre 50*; Flam. 5479; Denkm. 218, 2.
- bella Jaufre 71ᵇ, 121ᵇ, 132ᵇ, Chr. 249, 8; Denkm. 219, 7. 230, 13; Lb. 145, 6, 83; D. de Pradas MG. 351.
- sellas Jaufre 140*.
- cazeˡla, *casella Denkm. 239, 19.
- apella Flam. 4183.
- capdella Die 7 Freuden Marias 65; Lb. 147, 50.

novela : novel : descapdela : cabdel : piucela : piucel Guir.
de Calanso MG. 338.

donzela :
- ela Pronom. Jaufre 74ᵇ. 123ᵇ. 140ᵇ. 145*. 146*; Flam. 1435. 3368; Denkm. 223, 9. 228, 10. 229, 21. 237, 3; Lb. 140, 55. 148, 14; Joyas 281.
- aquela Jaufre 128*, Hfm. S. 357; Flam. 6227.
- cela, cēlat Lb. 145, 82.

donzel(s) :
- el(s) Jaufre 129ᵇ. 134*. 156*. 162ᵇ; Flam. 1864. 3292. 6648.
- cabels von capillus Jaufre 71ᵇ, 147*, Hfm. S. 168.
- vermeils von vermīculus Jaufre 161ᵇ.

domaisella :
- novella Denkm. 221, 30. 227, 33. : ceˡla, lat. cella 242, 35.
- bella Flam. 524ᶜ, S. 423; Denkm. 226, 23. 230, 1. 240, 31; Chr. 130, 16; Joyas 83. 187. 239.
- piucela Jaufre 75*.

damiseus : noveus : casteus C. alb. Tir. 165, 4563.

Wenn einige Male Reime begegnen, in denen pulcella
mit geschlossenem, donzela mit offenem e gebunden ist, so
liegt wohl eine Vertauschung beider Wörter vor: pulcella :
eˡlla Jaufre 121ᵇ, : meraveˡlla Joyas 53, donzella : noveˡlla
Jaufre 123ᵇ.

e¹rɴ. Vgl. e¹ra.

Rimarium: (e¹ = lat. ĕ in off. Silbe) fers, fĕris; fers, fĕrus [limous. fier Chabaneau 25, bearn. he¹r, he¹ Lespy, VocabuL]; (e¹ = lat. ĕ in geschl. Silbe) cers, cervus; fers, ferrum [rouerg. fe¹r Aymeric 328]; guers, abd. twer, dwerch Dz. Et. W. 179 [dasselbe Don. S. 8]; pers, mlt. persus; sers, servus [rouerg. se¹r Constans 26]; sers, servis; vers, versus; con-, en-, per-, re-, travers; Eigennamen Bezers, Béziers, Biterrae [dasselbe Don. S. 8], Lumbers .i. proprium nomen castri, wohl das heutige Lombers bei Albi [dasselbe Don. S. 8].

Der Donat enthält ausserdem S. 8 und 22 folgende Wörter mit der Bezeichnung ers larg, welche im Rimarium fehlen: dispers .i. dispersus, ters .i. tersit und Comp. esters.

Die L. d'am. führen I, 52 vers utrisonan an, ve¹rs ist lat. versus, Subst. oder Präpos., ve²rs ist gleich vērus. Plenisonan werden 2, 158 genannt guers, mers von mercem, pers, vers.

Das Suffix ers = ĕrius, arius [Rimarium In iers sc. larg] hat offenes e.

fers, fĕrus : revers : sers, servus : este¹rs [von extĕrius Dz. Et. W. 576] : sofe¹rs 2. Ps. Prs. : que¹rs, quaeris M. v. Mont. XI.

travers : fers, fĕris Jaufre Hfm. S. 170. travers : cers, cervus Jaufre 67ᵇ.

molhe¹rs : guers Denkm. 19, 29 — 30. guers : travers P. d'Alvergne MG. 223.

Bezers : sers Brev. 9—10.

vers = versus, Sbst. : dive¹rs [bearn. dibe¹rs Lespy, Vocabul.] : revers : evers Chr. 361, 35.

quer, quaerit : fer, ferrum Denkm. 36, 17—8.

mie¹r, mĕrco : lausengier B. de Born 15, 1.

cers : profe¹rs [cui soi p., à qui je suis offert L. R. IV, 363] : sers, servus : Beders : fers, ferrum : despe¹rs Adj. [L. R. III, 173] : envers : sofers : fers, fĕrus : gerriers G. de Borneill MG. 124.

esme¹rs von mĕrus : vers = versus, Sbst. : esters : refers 2. Ps. Prs. : convers, Sbst. : despers : quers : eude¹rs

Sbst. [L. R. III, 138] G. de Borneill MG. 216, 860, Herrig's Archiv 36, 411.

sers, servus : convers, Sbst. Ponz de Capduoill, Unechte Lieder IX, 129—30.

ave^{1}rs [advers] : pers : te^{1}rs, tertium : pervers : fers, fĕrus : fers, ferrum : esmers : guers Raimon de Tors MG. 323.

despers : divers Uebersetzung des afrz. Gedichts von den 15 Zeichen u. s. w. 122—3.

fers, fĕrus : despers Ev. Nicod. 2475—6. 2553—4.

evers : ne^{1}rs, nervos : mers, mĕris : culve^{1}rs, collibertus : te^{1}rs = te^{1}rtz, tergit [dieses, nicht ders = 3. Ps. Pf. oder = dertz 3. Ps. Prs., welches geschlossenes e hat, ist in den Text zu setzen, s. Chr. 41, 10] : pe^{1}rs, perdis : desers, -servis : vers = versus, Sbst. : dese^{1}rs, desertus G. de Ross. P. 6728.

fer, ferrum : se^{1}r [L. R. V, 205; Dz. Et. W. 438, also nicht von cirrus?] : ve^{1}r von lat. verres Choix V, 148.

e^{1}r, hĕri [rouerg. iĕr Aymeric 328, Constans 14; bearn. dagegen hié, gé, je Lespy, Vocabul.] : denier : acier C. alb. Tir. 166, 4603.

vergier : sordegie^{1}r Marcabru MG. 202.

cavalier : leugie^{1}r [bearn. leuye^1 Lespy 49] P. d'Alvergne MG. 238.

fer, ferrum : escudier Denkm. 112, 11—2.

soudaders : fers : gravers u. s. w. G. Anelier, Guerre de Navarre, p. p. Michel, Tir. 76, 3640.

envers : prezoniers Joyas 30.

leugiers : mers von mercem Brev. 4178—9.

Dern. Tr. S. 130, 47—8 ist vale^{2}rs : me^{1}rs gebunden, jedenfalls liegt jedoch eine Textverderbniss vor, im zweiten Vers ist statt ৷os mers vielleicht sosme^{2}s [auf come^{2}s, trame^{2}s u. s. w. in den übrigen Strophen reimend] zu lesen.

Ne^{1}r, nie^{1}r verlangt ein Etymon *nĕrum, mit Syncope des r [vgl. Dz. Gr. I, 266], statt nĭgrum. Ital. dagegen ne^{2}ro, frz. noir. Ebenso entspricht ente^{1}ir, ente^{1}r, entie^{1}r, entiei^{1}r, Fem. ente^{1}ira, ente^{1}ra, entie^{1}ra, entie^{1}ira [Rimar. entiers In iers sc. larg, entoira In eira sc. larg], nicht intégrum [Dz. Et. W. 184], sondern *intégrum, resp. *intérum. Limous.

2*

entie, Fem. entiero Chabaneau 162, rouerg. entie[1], Fem. en-
tie[1]ido Aymeric 328. Das Italienische hat inte²ro [vgl. ne²ro],
aber auch intie:ro [Canello 517 : „intiéro, ma poi intéro, col
dittongo probabilmente fuso in un sol suono"?]. Formen
mit erhaltenem g sind ital. intégro Dz. Et. W. 184, frz. in-
tègre, span. negro, gascogn. negres, negra s. Glossaire des
mots des divers dialectes gascons etc. Bordeaux 1873, prov.
entegre, negre [limous. negre Chabaneau 159].

nier : gaillinier B. de Born 15, 40.

niers : usuriers das. 25, 18.

messatgier : nier P. Vid. 30, 22—3.

Beders : Nive[1]rs : ape[1]rs von apertus : evers : fers, ferrum :
sers, cervus : ners G. de Ross. P. 536.

encombriers : entiers : mostiers : niers G. de Ross. Chr. 41.

niera : Baviera : obriera Chr. 42.

vertadera : entera : pe[1]ra, pér-éam Chr. 279.

primeira : derreira : enteira P. Cardenal Chr. 171, 25—7.

derriers : entiers : mestiers Débat d'Izarn etc., p. p. P.
Meyer, Tir. XI, 657.

deniers : entiers Auz. cassad. Chr. 181, 34—5.

ners : enters : murtriers G. Anelier, Guerre de Navarre Tir.
99, 4810, 4816, 4850.

ners : saumers : olivers C. alb. Tir. 159, 4126. ner : enquier
3. Ps. Prs. Tir. 166, 4604. Vgl. Tir. 192 entiers 6873,
niers 6958; Tir. 205 niers 8410, 8455.

In den Auz. cassad. reimt niers mit ve²rs, vērus, Sachs
337—8, Choix V, 129. Einen zweiten Reim ve²rs : ners aus
demselben Denkmal führt Raynouard L. R. IV. 413 an.
Bearn. ne²r Lespy, Vocabul.

pare²gra Condit. [Pf. pare²c] : e+te²gra von estener : escaze²-
gra : negra Bern. de Ventadorn MG. 208.

negre : brega [Zank, Streit] Blandin de Cornouailles [bgb.
v. P. Meyer] 859—60.

niegro B. de Born 17, 9 [„wird richtiger negre geschrie-
ben" Stimming]; negre bearn., mit geschlossenem e, Lespy 8,
Barbanegre, Barbenoire 181.

Das e von molher lautet offen, so dass hier die Accent-
verlegung, anders als in pare²tz von *pariétem statt pariétem

u. dgl., keine Verlängerung des ê bewirkt hat: muliêrem
*muliĉrem molhe¹r. Es reimt z. B. auf cavallier Jaufre 159ᵇ,
drechurier 160ᵇ, profer = profert M. v. Mont. XIXˢ, fer,
fĕrum Flam. 1035, Brev. 5385, fer, ferrum Flam. 1986, Brev.
5922, cauciers : destriers u. s. w. C. alb. Tir. 192, ser von
servus Brev. 21164, requer S. Agnes v. 28. Wenn daneben
Brev. 16828—9 molher mit ave²r gebunden wird, so ist da-
rauf wohl das in der Einleitung S. 2 über einzelne Licenzen
besonders von Dichtern umfassender Werke Bemerkte anzu-
wenden. Bearn. moulbe¹ Lespy, Vocabul.

Die 3. Ps. Fut.er, ĉrit, afrz. iert, hat offenes e:

er : profer Jaufre 101ᵃ, : fer, fĕrum 102ᵇ, : quer, quaerit
111ᵇ, : moiler 139ᵃ, : cavallier 158ᵃ;
er : requer S. Agnes v. 8, : fer, ferrum Brev. 5911.

Ueber die Partikel e¹r(a) s. S. 26.

Unter ers larg ist im Rimarium noch vers .i. ver [lat.
vēr, vēris, ᵗηρ] verzeichnet. Doch werden bei Arn. Daniel,
L'aur' amara, plaze²rs, vole²rs u. s. w. mit vers gebunden.
Ferner reimen im Breviari:

veze²r : primver 4495—6,
se²r, sērum : primver 6347—8,
primavera : ve²ra, vēra 6429—30. 6517—8.

primaveira [mit aus geschlossenem e erweitertem Diphthong?]
Diätetik 251 [primaver' 249].

Dagegen bearn. primebe¹re Lespy, Vocabul.

Man wird die Angabe des Donat nicht ohne Weiteres
beanstanden dürfen. Ve¹r mag Lehnwort sein; wie bei
secre¹t, secre²t von secrētus, s. S. 38, könnten die Lehn-
form ve¹r und die Erbform ve²r neben einander existirt
haben. Vgl. den afrz. Reim hiver : ver Comput v. 1917,
Lücking, Aelteste frz. Mundarten S. 93 [dagegen ten Brink,
Dauer und Klang S. 29]. Auch ital. primavera hat offenes e
[Canello 511: „se pur è voce d'origine popolare“].

Bemerkung. Die Schwierigkeit, die richtige Bedeutung
gewisser Homonymen zu erkennen, auf welche Diez Poes. d.
Troub. S. 312 hinweist, ist, wenn das betreffende Wort im
Reime steht, gewöhnlich nicht vorhanden. In der Stelle,
die Diez citirt, Qu'entre lurs guaps passa segurs mos vers

[Arn. de Maroill, L'enseignamons e pretz] ergiebt sich z. B.
die Bedeutung von vers, welches Raynouard unrichtig mit
Vers übersetzt hatte, daraus, dass es mit plaze²rs gebunden
ist, denn ve¹rs = versus konnte mit letzterem nicht reimen.
In dem Verse Lai on m'agra ops que fos saubuz mos vers
[Folq. de Marseilla, Chantan volgra], welchen Diez ebenfalls
anführt, beseitigt wieder die Bindung mit sabe²rs jeden
Zweifel an der Auslegung von vers [„wahre Absicht"]. Vgl.
ferner Quar anc no fon sauputz mos vers P. Vid. 5, 45 [im
Reim auf die Infinitive teme²rs, abstene²rs, pare²rs u. s. w.
und auf ve²rs, vērus], worin mos vers von Bartsch S. XIII
falsch mit „mein Lied" übersetzt wird; sabe²r : dirai lo ver
Peire Bremon MG. 910, teme²r : sap lo ver Buvarel, Il Pro-
pugnatore XII, 436, caze²r : sai ben lo ver, pode²r : sap hom
ben lo ver G. Figueira 4, no sap lo ver : sabe²r Ponz de
Capduoill XVII, 10.

e¹rtz.

Vgl. ers larg, mit welchem ertz larg häufig im Reime
confundirt wird.

Rimarium : (e¹ = lat. ĕ in geschl. Silbe) apertz, aper-
tus, overtz, covertz und descovertz [rouerg. coube¹rto = coo-
perta Constans 13]; certz, certus; desertz .i. desertum [rouerg.
dese¹r Constans 26]; espertz, expertus; merz, mercem; offertz,
*offertus; tertz .i. terge; tertz, tertius; Eigennamen Imbertz,
Robertz.

tertz, tertius : culve¹rtz, collibertus : dezert : sers, certus :
espertz : ufertz Arn. Daniel MG. 423.

cert : pe¹rt, perdo : apert : dezert : reve¹rt, Verbalsbst. von
revertir : acert, Verbalsbst. von acertar, Arn. Daniel
MW. 2, 73.

ters, tertius : fers, fĕrus Brev. 24637—8.

culvert : apert Ev. Nicod. 419—20.

perd, perdit : cert L. d'am. I, 42.

diversa 3. Ps. Prs. : traversa Adj. Fem. : enversa : tersa,
*tertiat G. Riq. S. 97.

descuberta : aserta 3. Ps. Prs. Auz. cassad. 1676—7. serta :
uberta 2012—3. espert : ubert 2152—3.

e¹s.

Rimarium: (e¹ = lat. ĕ in off. Silbe) pes von pĕdem [gascogn. und in Languedoc pe¹s, pĕdes Luchaire 216]; (e¹ = lat. ĕ in geschl. Silbe) confes .i. confes vel confiteatur [vgl. confes .i. confessus Don. S. 7; ital. confe¹ssa, *confessat Canello 518]; pres = pressum [limous. pre¹ Chabaneau 26, rouerg. pre¹s Constans 13, gascogn. apre¹s Luchaire 257, 260, ital. pre¹sso Canello 518].

Die L. d'am. nennen I, 16 pes „am quom va“ plenisonan. I, 16 und 52 wird pres utrisonan angeführt, pre¹s ist = pressum, pre²s = prensum oder prensi(t). Apre¹s : pe¹s I, 196.

Die 2. Ps. Prs. von esser es, lat. ĕs, oder mit dem nach Analogie der 2. Ps. Pf. angehängten t est, iest [Razos S. 82], afrz. e¹s, ies, hat offenes e [rouerg. e¹s Aymeric 353, gascogn. e¹s Luchaire 235, bearn. e¹s Lespy 336].

pes : apres R. de Vaqueiras Chr. 129. Flam. 5852—3. Brev. 15812—3.

confes, *confesso : pres Flam. 4028.

(pre²s Pcp. ::) confe¹s Adj. : ame¹s Sbj. Pf. (:: conqu²es Pcp.) A. de Peguillan MG. 91.

pres : engre¹s [Diez agrestis, Scheler ingressus Et. W. 569, 760] G. de Ross. P. 4727—8.

engres : demandes Sbj. Pf. Jaufre 131ª, : pes 109ᵇ.

engres : plores Sbj. Pf. Denkm. 222, 3, : passes Sbj. Pf. 231, 26.

pezes, Plur. : me [ne] spre¹zes, 2. Ps. Prs. Sbj. von menesprezar = minus *prĕtiare, Brev. 19928—9.

apres : es Die 7 Freuden Marias 235—6. trobes Sbj. Pf. : es Denkm. 123, 32—3.

Auf e¹s lautet ferner aus me¹s von lat. messis [Vb. me¹dre, me¹ire, mĕtere, ital. mietere].

Ein unregelmässiger Reim ist be²s : engres Joyas S. 143 und 148 [Chr. 403, 30. 33]. Zu dem Reim pre²s Pcp. : pe¹s Brev. 797 vgl. S. 21 molher : aver [s. dagegen pre²s Pcp., Pf.: trame²s 761, : e²s 2280, 3770, : ge²s 5381, : me²s 6519, 6551, : be²s 9321 u. s. w.].

Ades .i. cito ist im Rimarium unter es larg verzeichnet, obwohl dasselbe von ad ipsum hergeleitet wird [Dz. Et. W.

129]. Die Reime bestätigen die Angabe des Donat. Es ist deshalb, worauf bereits in der Romania VIII, 156 P. Meyer hingewiesen hat, für ade's ein anderes Etymon zu suchen. Das e von es = ipsum, aqui es u. s. w. ist geschlossen.

cofes, *confesso:ades Anc. poés. rel. 489, 146—7. Flam.5254. ades : pes Jaufre 61ª. Denkm. 218, 17. Chr. 264, 8. Brev. 22330. Ev. Nicod. 2016.

ades : apres Jaufre 151ᵇ, Hfm. S. 359. Chr. 294, 15—6. Flam. 3237, 7285, : pres 134.

ades : engres Jaufre 84ᵇ. Chr. 210, 1.

Ade's, ade¹ dialecte des bords du Rhône, s. Tres. d. Felibrige; ade's bearn. Lespy, Vocabul.

Der Cas. obliq. von pe's pe, pědem, [rouerg. pe¹ Aymeric 328, Constans 26, gascogn. pe¹ Luchaire 218, bearn. pe'e, „les deux e sonnent comme un seul è ouvert“, Lespy 18, Plur. pe'es 140], ist eins der wenigen provenzalischen Wörter, welche auf betontes offenes e auslauten.

virtuté¹ [lat. Ablativ virtutě, als Fremdwort mit offenem e] : pe Flam. 3171—2.

pe : se¹, sědet [sie'u Dz. Gr. II, 220: ieu, ěgo G. de Ross. P. 3782; sědeo limous. siete Chabaneau 25, ital. se'ggo, se'ggio Canello 517; sědere rouerg. sieire Constans 45, bearn. se'de-s Lespy, Vocabul.] Brev. 789—90 [vgl. ses : pes 12335—6].

Ses, Sbst. Fem., lat. sēdes, ital. se'de [der lingua dotta angehörend, Canello 512], reimt auf engres, ades u. s. w. MG. 755, demnach möchte auch der obliq. desselben se [Gloss. occ. se, siége, trône] e¹ haben.

[Ausser in diesen Fällen kommt ein betontes e¹ im Auslaut noch in Fremdwörtern und Eigennamen vor. Ferner würde die 1. 3. Ps. Prs. Sbj. von crear, crěare, ein solches e haben. Die Interjectionen be, Tres. d. Felibrige bèh, Indignation bedeutend, und he, eine Aufforderung bezeichnend, sind nach den L. d'am. II, 430 plenisonan.]

2. Den Reimlisten ega und era im Rimarium ist die Bezeichnung larg nicht gegeben worden, welche ergänzt werden muss. Ueber crms, erns, crps s. Anhang : er C.

e¹ga. Vgl. e¹ca.

Rimarium: (e¹ = lat. ĕ in off. Silbe) cega, caeca und
encega .i. excecat; ega, ĕqua [bearn. egue, yo¹gue Lespy,
Vocabul.]; lega, *lĕgua [rouerg. le¹go Aymeric 333, Constans
28, bearn. le¹gue Lespy, Vocabul.]; pega von pĕcus; sega,
sĕcat; sega, *sĕquat, [rouerg. Infin. se¹gre Constans 133] und
Compp.; trega, *trĕʒua, afrz. trieve.

encega : pre¹ga, *prĕcat Flam. 2353.
sega, caeca : pega Auz. cassad. 813—4.
trega : sega Prs. Sbj. das. 885—6.
lega : prega Jaufre 71ª.
lega : sega Denkm. 234, 20—1.
leguas : peguas Dern. Tr. S. 108.
legas : tregas Flam. 1810. prega : trega 146.
treva 3. Ps. Prs. von trevar, *trĕguare : le¹va von lĕvare
    das. 4752.
treva Sbst. : leva Chr. 223, 3.
prega : abne¹ga, abnĕgat : lega : pega : trega Herrig's Archiv
    35, 103.

e¹ra. Vgl. e¹rs.

Rimarium: (e¹ = lat. ĕ in off. Silbe) bera .i. feretrum;
esmera 3. Ps. Prs., von mĕrus; fera, fĕra, rouerg. fie¹ro Con-
stans 26. Ueber das Condit. auf era s. IV. Verbalformen.

Bera stammt von einem dtsch. *bera statt bâra, mlt. bera.
Neben bera kommt ein Wort beira vor; beide haben nicht
ganz dieselbe Bedeutung, vgl. Gloss. occ. bera, bière, cer-
cueil, tombeau, L. R. II, 212 bera, bière, cercueil, Tres. d.
Felibrige bèro, bièro [bords du Rhône], berro [limous.], berlo
[Auvergne] = (alt-)provenz. bera, brancard sur lequel on
transporte les morts, bière, cercueil, gascogn. berra, bière,
cercueil [Gloss. des mots des divers dialectes gascons u. s. w.
Bordeaux 1873], dagegen Gloss. occ. beira, couchette, lit,
grabat, Tres. d. Felibrige bèiro = (alt-)provenz. „beira, bei-
gra, baigra", couche, lit, en Languedoc. Diez nimmt Gr. I,
307 an, dass bera für beira = ahd. *barja, wie prime¹ra
für prime¹ira = primaria, stehe. In den Dialecten, welche
für das Suffix aria die Form eira anwenden, müsste dann

die Form beira statt bera gebraucht werden, was nicht der
Fall ist, wie denn sich z. B. im Donat nicht beira analog
enteira, ribeira u. s. w. in der Reimliste eira, sondern bera
in era larg findet.

Era, ëram, hat offenes e, rouerg. e're, e'ros, e'ro u. s. w.
Constans 106, gascogn. e'ri, e'ros u. s. w. Luchaire 236, bearn.
e'ri, e'res, e're u. s. w. Lespy 336, [afrz. e³re]. Ebenfalls off.
e hat die Partikel era, eras, er, nach Böhmer aus o'r(a),
ue'r(a), und ihr Comp. enquera, -eras, -er [bearn. encoe're,
engoe're Lespy, Vocabul.].

gue'rra : te'rra [rouerg. te'rro Aymeric 328, gascogn. te'rro
Luchaire 215] : se'rra 3. Ps. Prs., von lat. sëra : bera
Brev. Chr. 327.

terra : guerra Flam. 6926. terras : se'rras [bearn. se'rre
Lespy 6; lat. serra == sec-ra von sëco Dz. Et. W. 293]
7203.

guerra : terra : serra R. de Vaqueiras Chr. 129.

terra : serra 3. Ps. Prs. Auz. cassad. 401—2.

terra : dessera 3. Ps. Prs. Ev. Nicod. 2667—8. guerras :
feras, fëras 2249—50.

terra : e'rra 3. Ps. Prs. : bera : guerra Dalfi d'Alvergne Choix
4, 259.

erra : gerra : sosterra 3. Ps. Prs. G. Figueira 2². guerra :
soterra : enserra 3. Ps. Prs. V.

terra : guerra : esque'ra Adj. [Dz. Et. W. 461 esquer, sp.
izquierdo] G. de Bergueda MG. 169.

Galile'a : angera Anc. poés. rel. 497, 11.

enquera : era Adv. : fera, fëra : era, ërat Cercalmont, Per
fin'amor.

fera : era Imperf. Jaufre 50ᵇ. 111ᵃ. 130ᵇ. Denkm. 226, 31.:
enquera Chr. 230, 14; 26.

era Imperf. : terra Denkm. 257, 28. 263, 24; 31. 269, 19.
Ev. Nicod. 1391. terra : era Adv. Rec. S. 131ⁿ·

bera : amera Condit. : era Imperf. : fera P. Vid. 21. berra :
era Brev. 22275—6.

era, ërat : mane'ra [-aria] Chr. 219, 26—7.

era, ërat : era Adv. : enquera : esfera 3. Ps. Prs. G. Figueira III.

3. Folgende Reimendungen sind im Rimaiium nicht angeführt:

e¹bre, e¹bra.

le¹bres von lĕporem [rouerg. le¹bre Aymeric 328, bearn. le¹be Lespy 17] : Ebres, lat. Iberus : se²bres 2. Ps. Prs. Shj., sēpares [ital. sce²vera, se²para Canello 513] : cele¹bres, *celĕbres : gene¹bres [frz. genièvre, ital. gine¹pro Dz. Gr. I, 334, lat. junīperus] : fe¹bres, fĕbris [rouerg. fe¹bre Aymeric 328, bearn. fre¹be Lespy 17] Arn. Daniel MG. 135, Choix V, 32.

gene¹bre : pe²bre, *piperem [rouerg. pe²bre Aymeric 329, bearn. pe²be Lespy, Vocabul.] Auz. cassad. 2068—9.

ere²bre, eripere : pebre das. 2577—8.

le¹pra, lat. lĕpra : dese²bra 3. Ps. Prs. von desebrar, desēparare, das. 1503—4.

fe¹bre : soise²bre, -cipere Lb. 138, 47.

tene¹bras [rouerg. tene¹bros Constans 61, span. tinieblas] : febras Folquet de Marseilla Choix 4, 396.

aperce²bre : recebre : decebre : soyssebre; aperce²p : recep : decep : soyssep Aimeric de Peguillan MG. 1210—12.

Zur Endung e¹bre, e¹bra ist noch palpe¹bra, lat. palpēbra, zu stellen.

Wie man sieht, ist zwar an der offenen Aussprache des e in den obigen auf e¹bre, -a ausgehenden Wörtern nicht zu zweifeln, aber die Dichter haben die Qualität des Vokals in der Endung ebre, der nur eine sehr beschränkte Zahl von Wörtern angehören, bei ihren Reimen nicht strenge berücksichtigt.

e¹rdre.

pe¹rdre [rouerg. pe¹rdre Constans 13, ital. pe¹rdere Canello 520] : de¹rdre : e¹rdre [= *ergere, ērigere, vgl. Verbalabst. ende¹rs S. 18, ital. e¹rto, ērectum Canello 514] Buvarel, Il Propugnatore XII, 439.

e¹rre.

que¹rre [rouerg. que¹rre Constans 133] : profe¹rre Jaufre 48ª. conquerre : e¹rre, ĕrro : ate¹rre, *ad-terret Joyas 8.

e¹sca; e¹sgue (e¹tge).

e¹sca, ëxeat : te¹sca 3. Ps. Prs. Sbj. von teisser, tëxere, Flam.
1067. e¹scan Lb. 38, 25, ye¹sca Denkm. 13, 27, Chr.
314, 15, ie¹sca B. de Born 24, 44, ie¹isson Des Sünders
Reue 730, ital. e¹sce exit, e¹sca exeat Canello 518, to¹sse
tëxit das., rouerg. tie¹iso *texa Aymeric 329.

dome¹sge von domesticus: fore¹sge Auz. cassad. Choix V, 128.

fore¹tge : dome¹tge Auz. cassad. 1663 — 4 [foresgue : do-
mesgue L. R. III, 372].

Bearn. me¹sche, durch Aphärese aus domesgue, Lespy,
Vocabul.

Bei etge scheint die nämliche Vermischung von offe-
nem und geschlossenem e, wie bei ebre, beruhend auf der
Seltenheit der Endung, vorzuliegen. Me¹tge [mëdicum, bearn.
me¹tge Lespy, Vocabul., ital. me¹dico Canello 516] ist mit
fe²tge [ital. fe²gato = *ficatum, rouerg. fe²ge, *fidicum Ay-
meric 329, fe²che Constans 61, frz. foie] gebunden Brev. 6969;
ferner reimen bei Guill. de Bergueda MG. 161 me¹ge : Use¹ge
[Uzès, Ucëtia] : pe¹ge [von pëctus, L. R. IV, 478] : fe²tge.
E¹ haben setge, siége und asetjar, assiéger.

e¹st(a).

fe¹sta [bearn. he¹ste Lespy 16] : que¹sta, *quaesita, frz.
quête, ital. chiesta : ente¹sta, *intestat : re¹sta : tem-
pe¹sta : hone¹sta : ge¹sta P. Cardenal Chr. 172.

festa : resta Flam. 1319. : aresta 5202.

gesta : festa : conquesta Honor. S. 2.

festa : requesta Brev. 23700— 1.

amone¹sta : festa Joyas 209.

bise¹sta, von lat. bissextus : festa B. de Born 29, 40. 42.

ele¹sta : festa : amonesta : testa [rouerg. te¹sto Constans 13]
: poe¹sta, potestas : questa : resta B. de Born 2.

conquesta : enve¹sta 3. Ps. Prs. Sbj. [vie¹sta Doctrinal 302,
vie¹st Chr. 263, 37] : resta : festa : testa : amonesta Arn.
Daniel MG. 95.

enque¹st Pcp. Pt. von enquerre [aber ques, enques von
*quaesum lautet geschlossen] : desvest 3. Ps. Prs. : rest
: fore¹st : conquest Pcp. Pt. B. de Born 3.

Ale¹st [Alais en Languedoc] : me¹st [von lat. moestus, L.
R. IV, 219] : vest : e¹st 2. Ps. Prs. von esser [vgl. S. 23]
Guir. de Borneill MW. I, 198.

forest : tempest 3. Ps. Prs. Sbj. vou tempestar : pre¹st
Verbalsbst. von prestar = praestare : vest R. d'Aurenga
MG. 358.

prest : profe¹rts Pcp. Anc. poés. reL 486, 68—9.

conquest : rest : marques d'E¹st Guill. de Saint Gregori
MG. 109 [conquest : rest : coms d'Uze¹st, Uzès, lat. Ucëtia
: prest 3. Ps. Prs. Sbj. : fre¹st, ahd. first Dz. Et. W. 589
: te¹st, tëstum MG. 437].

gestas : conquestas : pre¹stas Adj., von lat. praestus [vgl.
afrz. prest, ten Brink, Dauer und Klang 29] : dige¹stas
Denkm. 63, 6—9.

conquesta : presta Adj. Joyas 31; 164. requesta : presta 44.
honest : prest 37.

Im Limousinischen wird das Verbum praestare preitâ,
indem e sich in Folge des Wegfalls des s zum Diphthong ei
erweiterte, e(i) entspricht aber nicht, wie Chabaneau Gram.
limous. S. 27 annimmt, einem von Natur langen e.

Zu ele¹sta vgl. Stimming B. de Born S. 231: „elesta ist
das substantivirte Part. Prät. von elegir, von welchem Rayn.
die Formen elegit, elegut, eleg und elest belegt; wenigstens
ist letztere Form aus dem Acc. Pl. eletz zu reconstruiren".
Der Acc. Plur. eletz L. R. IV, 41 [aus Raimbaut de Vaqueiras,
No posc saber; MG. 1078, eletz reimt darin auf adre²tz von
dirēctum, ve²tz von vicem u. s. w.] ist jedoch nicht = ele¹st-z,
sondern = ele²g-z, ele²it-z, lat. elēctos; diese Formen ver-
halten sich zu einander wie escrig-z zu escrit-z, dre²g-z,
dre²it-z zu dre²t-z u. s. w.; vgl. S. 13. Doch wird L. R. IV, 40
ein Pcp. lesta von legir angeführt [aus Guillem Ademar,
Bem agr' ops; MG. 39: festa : testa : gesta : enqesta : qai
dentre cen bella elesta, welcher Vers um eine Silbe zu lang
ist; L. R.: qu'ai d'entre cent bellas lesta]. Die anzunehmen-
den Participialformen le¹st, ele¹st sind starke Bildungen
neben den schwachen lescut, elescut, lat. *lexutum, vgl. Pf.
le¹sc = *léxi, ele¹st steht neben elescut wie ele²t, eleit neben

elegut; ele¹sta ist = *lĕxita, analog que¹sta = *quáesíta
[Pcp. que¹st, que²s], resposta [Pcp. respost, respos] u. s. w.

Pres Chr. 84, 16 Peire Rogier, Ges en bon vers, ist
nicht, wie Bartsch will, gleich prest, prêt, bereit, sondern
vielmehr Pcp. Pt. von prendre [es reimt auf cre²s = crĕdis
u. s. w.] : sui pres = ich bin gefangen, überwunden, gebe
nach.

Der Endung e¹st(a) gehören ferner an te¹st, te¹xte von
textum; die Adjectiva agre¹st, manife¹st, mole¹ste; Ablei-
tungen von contestar, protestar, manifestar, molestar; be¹stia,
bearn. be¹sti Lespy, Vocabul.

e¹stre.

de¹stre von dĕxterum [ital. de¹stra dĕxteram Canello 518]
: terre¹stre [ital. terre¹stre Canello 520] Lb. 37, 49—50.

e¹stre Infin. : terrestre : pre¹stre, prĕsbyter Joyas 111.

estre : seque¹stre : destre das. 120.

fene¹stra [rouerg. fene¹stro Aymeric 329] : destra Flam.
830. 2202.

éstras [prov. estra steht nicht für estrát, von stratum, wie
Diez annimmt, Et. W. 309; afrz. éstre] : fenestras
Jaufre 161ᵇ.

Auf estre lautet ferner aus: campe¹stre.

Offenes e scheint majestre, maiestre, obwohl = lat. magi-
strum, zu haben, wenigstens reimt es Lb. 133, 23—4 im
Ensenhamen von Arn. Guill. de Marsan auf e¹stre; vgl.
übrigens oben die Bemerkung bei e¹bre. Neben majestre,
maiestre, maëstre [zweisilbig Lb. 143, 21] existiren die Formen
maistre, me¹stre und mastre; magistre Gloss. occ., maïstre
[Flam. 323: im Reim auf istre für estre, vielleicht ist maëstre
: estre zu lesen; Auz. cassad. maïstre : ministre Sachs 405—6,
Choix V, 131]. Vgl. L. d'am. I, 48. Bon-mèstre Tres. d. Feli-
brige; mae¹ste, me¹ste bearn. Lespy, Vocabul. Mestre : ter-
restre Joyas 94, : estre 120, 141, 281, : senestre 60.

Senestre, von lat. sinister, hat seit ältester Zeit e¹.
Dasselbe hat sich seinem Gegensatze de¹stre angepasst,
analog wie grĕvis sich dem lĕvis. So auch im Altfranzö-
sischen, s. Brandan 1235 destre : senestre [vgl. Böhmer,

Roman. Studien III, 364; dagegen ten Brink, Dauer und Klang S. 28].

senestre : destre Anc. poés. rel. 491, 236—7. Arn. de Maroill Chr. 96, 47. Flam. 4490. 5726. Jaufre 56ª.

oneste : senestre : destre : tempeste : gesta : testa : prestre : resta : festa G. de Ross. P. 5138.

senestra : destra Brev. 833 — 4. 10331 — 2. 16260 — 1. 16264—5. Joyas 166. Stickney 746.

ance¹stres : pestres, für prestres : uulbs fagtz sinestres : Ero plazens ad els, mas totz faytz destres Denkm. 63, 14—7.

Neben pre¹stre kommen folgende Formen vor:

pe¹stre Chr. 366, 9 [L. R. I, 466]. Lb. 82, 47. 134, 15. Gloss. occ. : pestre, prêtre; Pestre-Johan, Prête-Jean. Limous. petre und peitre Chabaneau 28.

preveire und perveire [Gloss. occ.]. prever.

preire.

Pestre ist durch Ausfall des ersten r, welcher durch das dem t folgende zweite r hervorgerufen wurde, aus prestre entstanden und lautete, wie dieses, mit offenem e. Preveire ist von presbýterum abzuleiten nnd hat geschlossenes e; preveire : cre²ire, crēdere Flam. 2615—6, Brev. 23616—7. Die Form perveire findet sich Denkm. 169, 23—4 bei Raimon Vidal im Reim auf creaire, creator, doch ist der Text hier wohl verderbt, vielleicht ist creire zu lesen. Prever ist aus preveire durch Abfall des auslautenden e und Contraction des Diphthongen e²i in e² hervorgegangen; tene²r : prever Peire de Barjac, Tot francamen. Catal. prebere. Preire [aus pre(s)tre entstanden?] wird Flam. 5518—9, in welchem Denkmal, wie wir sahen, preve²ire belegt ist, mit Pe¹ire, Pĕtrum gebunden. Vgl. hiermit die ital. Formen [Canello 517, Dz. Et. W. 256] : pre¹sto, welches auf dem Wege der Dissimilation, wie prov. pestre das erste, so das zweite r verloren hat, = span. port. preste, sowie mit ausgefallenem s pre¹ite, pre¹te, prie¹te.

e¹t(z), e¹ta.

e¹tz geht in manchen Denkmälern, z. B. in Flamenca und Jaufre, in e¹s über.

se¹t, sĕptem [rouerg. se¹t Aymeric 351] : pene¹t 3. Ps. Pf. :
ve¹th, Verbalsbst. von vedar, vĕtare : le¹th von laetus :
re¹th, rĕddit G. Riq. S. 12.

pre¹tz, prĕtium [bearn. pre¹tz Lespy, Vocabul.] : letz Denkm.
145, 22—3.

de¹s, dĕcem [limous. diez, die Chabaneau 206, rouerg. de¹x
Aymeric 351] : pres Flam. 130—1. pres : ave¹s 2. Ps.
Pl. Prs. 1989.

temetz 2. Ps. Pl. Prs. : devetz, Verbalsbst. von devedar,
*devĕtare : detz G. Figueira 2.

(que non temon) vetz [kann des Reimes wegen weder
= vĭtium, wie Levy will, sein, noch für ne²tz, nĭtidos, wie
Tobler mutmasst, stehen, sondern ist Verbalsbst. von vedar]
: sabetz 2. Ps. Pl. Prs. u. s. w. [vgl. S. 37] G. Figueira V.

devet : calet 3. Ps. Pf. Chr. 228, 4—5.

amet 3. Ps. Pf. : ge¹t 1. Ps. Prs., *jecto Dz. Et. W. 161 :
set : vet D. de Pradas MG. 741.

gieta : die¹ta [Fremdwort, lat. diaeta] Auz. cassad. 1078;
2259.

gietas : prophe¹tas Flam. 5062—3.

Dagegen wird in der Crois. alb. gietz, jets d'un tré-
buchet, mit pe²tz, pĭcem : fre²itz von frigidus u. s. w. gebunden,
Tir. 203, 8127.

Beachtenswert ist, dass im Limousinischen der Di-
phthong ie sich nicht nur in den stammbetonten Formen des
Verbums getar findet, sondern durch das ganze Verbum hin-
durchgeht, Infin. gietâ [Chabaneau 287]. Raynouard führt
L. R. III, 469 neben getar und gitar auch gietar an. Die
Einschiebung eines i vor e wird also durch den lautlichen
Einfluss des vorhergehenden Palatals bewirkt worden sein.
Vgl. ital. gitta tragitta Canello 519.

Von deve¹tz oder deve¹s, Verbalsbst. von devedar, [L.
R. V, 475 : défense, Verbot] ist defe²s oder deve²s = defen-
sum [L. R. a. a. O. : défense, Verteidigung, Schutz] zu unter-
scheiden [s. Tobler, Gött. Anzeigen 1866 S. 1774]. Die weitere
Bedeutung devèze, réserve, terrain, réservé welche Raynouard
diesen beiden Wörtern beilegt, kommt nur dem letzteren zu.

Vgl. deves [diese Schreibung ist nicht, wie Galvani will, in defes zu ändern] .i. locus defensus Don. 50, 12, dasselbe Don. 7, im Provenzal.-ital. Glossar S. 89 defes .i. loco defeso. Afrz. defois Dz. Et. W. 444, neufrz. deffais, Hegewasser, Hegeholz [Sachs], mlt. defesium, deffaia Du Cange. Gleichbedeutend mit deve^{2}s ist deveza [catal. devesa, span. dehesa; L. R. V, 475 = devèze, welches französische Wort sich jedoch in den Wörterbüchern von Littré, Sachs und der Akademie nicht befindet], von volkstümlicher Bildung neben dem gelehrten defensa, wie neufrz. deffais neben défen(d)s.

(pres lo bosc en un) deveis : tre^{2}is : espe^{2}s Wilh. VII MG. 172.

arne^{2}is : (conseillar pels) defes Aicart del Fossat Choix 4, 230.

Mos alos e^{2}s En tal deves, Res mas ieu no s'en pot jauzir Lb. 54, 50.

ge^{2}s : me^{2}s : defes [Domna, sim tenetz en d., Verwahrung, Beschlag, que d'al re non ai pensamen u. s. w.] P. Vid. 25, 57.

apre^{2}s : defes Raimon de Miraval MW. 2, 123.

pre^{2}s : luec deves Daude de Pradas MG. 351.

pre^{2}sa : devesa Flam. 1783—4.

Die 2. Ps. Pl. Prs. etz von esser [rouerg. se's Constans 106, gascogn. e'tz Luchaire 236, bearn. e'tz Leapy 336] hat offenes e:

etz : pretz, prĕtium Arn. Daniel, L'aur' amara.

esez [L. R. I, 492 etz] : prez Ponz de Capduoill, Unechte Lieder IX, 109.

Zusatz. Einzelne Fälle:

ne'ps, nĕpos, ne'pta, ne'tes, Ableitungen von crebar, crĕpare; de'sme, dĕcimum, ve'spa [bearn. bre'spe, guêpe Leapy, Vocabul.], ve'spre [bearn. bre'spe Leapy 129]; Ableitungen von grevar [3. Ps. Pl. Prs. agrie'vion L. R.; vgl. le'va, tre'va unter e'ga].

---

4. **Lehnwörter.** Dieselben haben offenes e. Einige Wörter haben eine Lehn- und Erbform neben einander.

e¹l.

Das Rimarium verzeichnet unter els larg fiçels .i. fidelis [„Einwirkung des Kirchenlateins" Stengel, Don. S. 116], bearn. fide¹l, fide¹u, infide¹u Lespy, Vocabul.; afrz. fedeilz, neufrz. fidèle. Dieselbe Reimliste enthält folgende fremde Eigennamen: Abels, Gabriels, Iezabels [Isabeau], Micaels, Misaels, Rafaels, ferner Bordels [Bordeaux].

cel, caelum : fiel Anc. poés. rel. 486, 80—-1. 494, 10.

fiel : gazel [-ellum] : noel das. 493, 2.

fizel : sagel Arn. de Maroill Chr. 94, 26—7.

ramel : auzel : fizel : bel Arn. Daniel MG. 415.

fizel : cel Flam. 1299. Brev. 674. 15855. 25289. 25485. L. d'am. I. 46. Joyas 68. Ev. Nicod. 2144. 2704.

> A Dieu es gloria sus els cels
> E en terra patz als fizels
> Homes de bona voluntat   Brev. 21777—9.

bel : joyel : fisel Joyas 84. 221. joybels : fizels 37. pels : fisels : coutels 94. enfizels : novels 120. bela : fizela 134.

Das Erbwort f[e]e²ilh, im Reim auf cosselb, soleilh u. s. w., steht G. de Ross. P. 6647 [Chr. 38, 24].

Auch cruzel, lat. crudēlis, hat öffenes e. Dasselbe ist im Altfranzösischen ebenfalls Lehnwort [crue³ls, vgl. Lücking, Aelteste französische Mundarten S. 72; Mall, Comput S. 54]. Bearn. crude¹u Lespy, Vocabul.

cruzel : ce¹l Brev. 9063. 14300. 24119. Joyas 182. 261.

cruzel : fe¹l Brev. 14279. 15814. 24093. G. Riq. S. 110, 166. Ev. Nicod. 2663. fel : sobrecruzel Denkm. 84, 6.

carame¹ls : cruzels : cotels Rec. S. 131, XXV.

cruzel : me¹l Ev. Nicod. 2217.

novel : crusel Joyas 150. cruzels : siube¹ls 152. : aubels 180. bela : crusela 239.

fizeus : cruzeus : S. Miqueus : casteus : noveus C. alb. Tir. 165, 4547. 4557. 4559.

Im Italienischen existiren die populäre und die gelehrte Form crude²le, fede²le, crude¹le, fede¹le neben einander, s. Canello 512.

Fremde Eigennamen:

ce'l, caelum
[resp. Plur. cc'ls]:

> Abel Honor. 29. Brev. 10210. [Abe'l
> Trea. d. Felibrige.]
> Emanuel Brev. 11733. 21742. [Eman.
> : Daniels 11911—2].
> Ezechiel das. 11776.
> Gabriel Anc. poés. rel. 494, 10.
> Bekker, Prov. geistl. Lieder 14, 10.
> Brev. 2641. Ev. Nicod. 914. Die
> sieben Freuden Maria's 50. 282.
> Israel P. d'Alvergne MW. I, 101. Flam.
> 6099. Brev. 6826. 20755. Die
> sieben Freuden Maria's 216.
> Michel Bekker, Prov. geistl. Lieder
> 18, 160. Flam. 5279. Ev. Nicod.
> 1865. 2404. [Miquels: Raphaels
> Brev. 3030—1].
> Misaels Brev. 3728.

me'l : Gabriel : fizel : Abel : Israel : fe'l : Raphael : Rachel :
Manuel : Miquel : ce'l P. Vid. 14.
  Miquel : fe'l Auz. caessad. 1459. Miquel : cruzel Joyas 67.
    fizel : Gabriel Brev. 20552. : Israel 20707. gols : Mizaels
    4039.
  coutel : Bordel B. de Born 28, 11.
  sagelz : Bordelz Flam. 374.
  Bordel : masel : Gabriel G. de Ross. Chr. 37.

e'p.

plebs [lat. plēbem] : mont Orebs : Joseps, lat. Josēph P.
  d'Alvergne MW. 1, 102.
Jozep : menet 3. Ps. Pf. Chr. 388, 1—2.
Jozep : prec, *prēco Denkm. 298, 30. [Jozep : de²c, dēbuit
  Ev. Nicod. 1333]. Bearn. Jusc'p, Jose'p, Jause'p Lespy,
  Vocabnl.
  Auf e'ps lauten ferner aus : partice'ps; prince'ps.

e'r(a); e'rl.

conquer [-quaerit]: Jupiter Brev. 6372.

Lucifer : fer von fĕrus L. R. IV, 109.

pantera [lat. panthēr, panthēra] : fe¹ra Chr. 230, 9.

Hierher gehören weiter: aer, efimer, espera [sphacra], ether, passer, passera [bearn. passe¹re Lespy, Vocabul.], Ableitungen von adulterar, alterar, altĕrare u. s. w. Ueber ve¹ra, lat. vĕr, vgl. S. 21.

leri [von *hilarius, *hilĕrius Dz. Et. W. 625] : salteri [psaltērium] G. de Calanson Denkm. 95, 13—4. Flam. 2318—9.

adulteris [adultĕrium] : leris Brev. 18768—9.

avangeli [bearn. ebanye¹li Lespy, Vocabul.] : sauteri Ev. Nicod. 43—4. 2227—8.

sauteri : emperi Joyas 123. emperi : requieri [-quaero] : misteri [lat. mystēria] 121.

lori : queri, quaero : esmeri 1. Ps. Prs. von esmerar : soferi : emperi Arn. Daniel MW. 2, 73.

Offenes e hatten die übrigen Wörter dieser Gattung, wie cauteri, cautērium, cementeri, coemetērium, bearn. comite¹ri Lespy, Vocabul., cmysperi, hemisphaerium, magisteri, ministeri, mouasteri, monastērium; ferner materia, miseria u. s. w. Ital. miste¹rio, salte¹rio, monaste¹rio Cauello 513, impe¹rio, mate¹ria 516. Ein Lehnwort auf o¹r war noch sencer von sincērum [Gloss. occ.; im L. R. nicht vorhanden], limous. saucio, Fcm. sauciero, sanchiciro Chabaneau 25, 28, ital. since¹ro Cauello 511; bearn. jedoch sance² Lespy, Vocabul.

e¹s.

ioculatores : ongre¹s G. Riq. S. 185, 141.

aloes, lat. aloē, ēs : cipre¹s, lat. cypressus Diätetik 103.

requies : Moyses : pe¹s P. d'Alvernho MW. I, 102.

Agnes : apre¹s R. de Vaqueiras Chr. 129. : ade¹s S. Agues 992. : pre¹s 1073. : ave¹s 2. Ps. Pl. Prs. 362. : core¹s 569. : de¹s Sbj. Pf. 905.

Moyzes : mostre¹s Sbj. Pf. Chr. 293, 12.

Ulixes : ajoste¹s Flam. 1583.

Erodes : apre¹s Brev. 21927.

Herodes : aussigue²s Sbj. Pf. : meteysse²s : gc²s : prc²s Rec.
S. 131, XXVIII.

Finees : apre¹s Ev. Nicod. 357. 1493. : tre²s 1123.

Auf e¹s gehen ferner aus: exces, expres [Vb. exprossar],
proces u. s. w.

e¹t.

secreth, secrētum : se¹t G. Riq. S. 13. : rc¹t, rēddit Brov.
13662. : estanquet 3. Ps. Pf. 22037.

Decret, decrētum [ital. decre¹to Canello 512] : tractc¹t das.
17244.

secret : decret Joyas 259. : discret, discrētum Doukm. 30, 10.

mansuetz, mansuētus [ital. mansuc¹to Canello 512] : le¹tz,
lactus Stickney 1696.

repleta, replēta : lo¹ta L. R. IV, 571.

lc¹tz : pre¹tz, * prêtio : de¹tz : quetz, quictus Arn. Daniel,
L'aur' amara.

quetz : vc¹tz : secretz : sabe¹tz 2. Ps. Pl. Prs. : decretz G. Fi-
gueira V.

se¹t : quet : estet 3. Ps. Pf. D. de Pradas MG. 741.

prophetas [lat. prophēta] : cc¹rtas Ev. Nicod. 17. 1659. pro-
pheta : ape¹rta 679.

Vgl. S. 32 prophe¹tas; die¹ta.

Offenes e hatten ferner concret, concrētum; subjet, suget,
(subject), subjectum, rouerg. suche¹t Constans 44, bearn. sub-
ye¹ct, sutye¹t Lespy, Vocabul.; pocta, poêta [poêto Jasmin,
Lespy 9]; Ableitungen von interpretar, interprētari, vegetar,
vegētare, u. s. w.

Planeta, cometa mit c² s. Geschlossenes e unter c²tz.

Italienisches quieto hat ebenfalls e¹. Es war nicht der Di-
phthong io, welcher dieses offene e veranlasste [vgl. Dz. Gr.
I, 335; Canello 511]. Frz. coi und quiet. Wie im Fran-
zösischen, so existiren auch im Provenzalischen die Lehn-
und Erbform neben einander: que¹tz und que²tz. Ri-
marium quetz .i. parum loquens In etz estreit. Quecx [l.
quetz] : dre²tz von dirēctum R. de Vaqueiras MG. 1078;
quetz : sagele²tz [Demin.] u. s. w. C. alb. Tir. 155, 3914,

: escoltare²tz 2. Ps. Pl. Fut. u. s. w.   G. Anelier, Guerre de Navarre Tir. 51, 2049.

Neben secre¹tz begegnet gleichfalls secre²tz. Secretz : ame²tz 2. Ps. Pl. Prs. Sbj. : sole²tz [Demin.] u. s. w. C. alb. Tir. 176, 5415; 203, 8099, 8137; secretz : ve²tz von vicem : vengare²tz 2. Ps. Plur. Fut. u. s. w.! G. Anelier Tir. 51, 2082. Bearn. segre²t Lespy, Vocabul.

Eigennamen:

Helizabet, lat. Elisabēth : anunciet 3. Ps. Pf. Brev. 12576. : comtet 20549. : intret 21170. : emprenhet 21222.

Nazaret : -e¹t [3. Ps. Pf.] das. 11544. 21226. 21333. 21751. Set : evie¹t Ev. Nicod. 1855.

(mont) Olivet [olivētum] : poget 3. Ps. Pf. Brev. 16178. Dagegen puge²t [Demin. von pueg] : Olivet 25284; Olivetz : trobare²tz 12757. [Vgl. Mont Olivet in der Passion, Lücking, Aelteste frz. Mundarten S. 42, G. Paris, Romania IV, 115].

Zusatz.   Einzelne Fälle:

Nohe : salve¹t 3. Ps. Pf. Ev. Nicod. 2349.   Vgl. virtuté¹ S. 24.

pe¹cca 3. Ps. Prs. : Seneca Brev. 15839.

se¹glo [sacculum, rouerg. sie¹cle Aymeric 329, bearn. se¹glc Lespy, Vocabul.]: aregle [von rēgula, ital. re¹gola Dz. Gr. I, 333; s. dagegen unter e²lha das volkstümliche relha, Pflugeisen] Joyas 24.

asse¹gre [*-sèquere] : alegre [wahrscheinlich ein dem Französischen entlehntes Wort, afrz. halaigre = *alàcrem, Dz. Et. W. 12; ale¹gre, alle¹gre, ale¹igre Tres. d. Felibrige] Flam. 5205.

alegre : se¹gre Denkm. 248, 27.   Stickney 603.

chera [Gesicht; frz. Fremdwort; che¹ro Luchaire 216] : mane¹ra Arn. de Maroill Chr. 98, 3.

defe¹si [lat. defectio] : ne¹si [lat. nescius; bearn. ne¹sci Lespy, Vocabul.] Auz. cassad. 2433—4.

le¹va, lĕvat : reva [= frz. rêve aus raiva, rabia, mundartlich für rage = rabiem, Dz. Et. W. 669] Flam. 562.

Eva : le¹va Ev. Nicod. 2055.

Die Fremdwörter auf egi, wie collegi, college = col-
lēgium, privilegi = privilēgium, pulegi = pulēgium [vgl.
polie¹g unter e¹htz], sacrilegi = sacrilēgium u. s. w. hatten
offenes e. Desgleichen: prezepi, lat. praesaepium, prae-
sepium, remedi, remēdium, bearn. reme¹di Lespy, Vocabul.

E¹ hatten ferner: collecta, direct, infect, secta, senccta,
subject [vgl. oben subje¹t], suspect [Sbst. sospeita, sospiecha],
Ableitungen von spectar [Bél-Aspét, Ortsname, Basses-Py-
rénées, Tres. d. Felibrige], affectar [rouerg. offie¹ch = affectum
Constans 40] u. s. w.; reflexe, sexe, Ableitungen von vexar
u. s. w.; cedre [ital. ce¹dro Canello 518], wohl auch edra,
hēdera, bearn. hiey¹re, ge¹yre Lespy, Vocabul., Lage¹yre 181
[ital. e²llera Dz. Gr. 1, 333, e²dera e²llera Canello 516]; Ab-
leitungen von ac-, exceptar, Sbst. recepte u. s. w.

NB. Die vollständige Arbeit, von welcher diese Abhandlung der erste
Teil ist, wird demnächst im Verlage von Max Niemeyer in Halle
erscheinen.

VITA.

Natus sum Ernestus Wiechmann Rostochii die VIII mensis Junii anni MDCCCLVI patre Carolo matre Maria e gente Albrecht. Fidei addictus sum evangelicae. Litterarum primordiis privatim imbutus primum scholam realem deinde gymnasium Rostochiense adii. Maturitatis testimonium a. h. s. LXXV adeptus linguarum recentium, imprimis romanicarum, studio me dedidi Rostochii Berolini Argentorati Halis. Audivi per novem semestria viros ill.: Lindner, Philippi, v. Stein; Kiepert, Tobler, v. Treitschke, Zeller, Zupitza; Böhmer, ten Brink, Koschwitz, Liebmann, Dümmler, Elze, Haym, Kirchhoff, Suchier, Ulrici, quibus omnibus optime de me meritis gratias maximas ago. Benevolentia Eduardi Böhmer et Bernhardi ten Brink mihi contigit, ut seminarii romanici et anglici essem sodalis; item seminario suo romanico sodalem benevolentissime me ascripsit Hermannus Suchier. Mense Majo a. h. s. LXXX nomen e tabulis universitatis Halensis exstinguendum curavi.

THESEN.

I.

Der romanische casus obliquus (im Provenzalischen und Altfranzösischen), resp. casus obliquus und Nominativ, ist aus dem lateinischen Accusativ entstanden.

II.

In der Chanson de la croisade contre les Albigeois, hgb. von P. Meyer, ist v. 8092 nicht devetz, sondern deuretz zu lesen; ferner ist v. 8141 statt entendetz entendretz zu setzen.

III.

Das italienische disio, desio ist vom lateinischen desiderium abzuleiten.

IV.

Die Bemerkung im Etymologischen Wörterbuche von Diez unter fello [4. Ausgabe S. 136]: „Das vorhandene adj. felleus würde nur zur prov. Form felh stimmen" ist nicht richtig und muss beseitigt werden.